CE CARNET APPARTIENT À :

Printed in France by Amazon
Brétigny-sur-Orge, FR

21332304R00063